AVENIDA 5 DE MAYO
ONE WAY
DOMINO PARK
TELEPHONE
CAMDEN MARKET
ЛАВРУШИНСКИЙ ПЕРЕУЛОК
PLACE DES VOSGES
NOTTING HILL GATE

Pour
Lucien, Basile
Malo, Pablo
& Valentina

Direction éditoriale : **Thomas Dartige**
Responsable éditoriale : **Anne-Flore Durand**
Assistante éditoriale : **Pauline Charpentier**
Direction artistique : **Jean-François Saada**
Responsable graphique : **Gaëlle Souppart**
Conception graphique : **Manon Bucciarelli**
Fabrication : **Lucile Germaine**
Corrections : **Christine Baillet, Dan Nisand**
Photogravure : **IGS**

VILLES

DEVINE CHERCHE & TROUVE

Manon Bucciarelli

GALLIMARD JEUNESSE

SAIS-TU QUE...

... les villes n'ont pas toujours existé ?
Les humains ont d'abord longtemps vécu de façon nomade, guidant leurs troupeaux en fonction des saisons. Ils se sont ensuite sédentarisés dans des fermes séparées les unes des autres par des champs. Les premières cités sont apparues le long de fleuves. Leurs fondateurs étaient des commerçants, bientôt rejoints par des artisans – forgerons, boulangers, teinturiers, etc. – proposant leurs services à qui en avait besoin. Ce que l'on appelle milieu urbain, ville, cité ou mégapole, est donc né de la volonté d'hommes et de femmes de se rassembler autour de besoins communs et de partager un ensemble de biens publics, en respectant certaines règles essentielles au bien-être de la communauté.

Ainsi, de Paris à Miami et de Bamako à Tokyo, qu'elle se dresse en bord de mer ou niche en montagne, chaque ville a son *histoire*, son *architecture*, ses *transports*, sa *gastronomie* et ses *fêtes populaires* qui lui donnent un caractère bien à elle, en fonction du climat, de l'environnement et des ressources du lieu où elle s'est établie.

Découvrir toutes ces villes, c'est rendre hommage aux habitants du monde entier, à l'ingéniosité et à la créativité de leurs constructions, de leur organisation, et, surtout aux belles manières dont ils savent cohabiter !

SOMMAIRE

Dans ce livre,
tu visiteras 16 grandes villes du monde.
Chacune avec ses avenues, ses musées, ses monuments, ses quartiers, son style,
son rythme, ses parfums, ses bruits et sa lumière unique !

À toi de trouver ce qui est présenté dans chaque devinette,
et de découvrir son histoire !

Surplombant l'entrée de la baie de Guanabara, je suis un immense rocher de granit qui s'élève à presque 400 mètres au-dessus du niveau de la mer. Un téléphérique installé il y a plus d'un siècle permet aux visiteurs d'atteindre mon sommet. Ma forme arrondie typique des blocs de sucre a inspiré mon nom, je suis le mont du Pain de Sucre ou, en portugais, le...

PÃO DE AÇÚCAR

•

Je me dresse à la pointe du mont Corcovado, les bras en croix. Érigé à partir de 1922 dans un style minimaliste monumental, je mesure 38 mètres de haut. Témoignant de l'importance de la religion catholique dans la vie des Brésiliens, je suis la statue de Jésus-Christ, on m'appelle...

O CRISTO REDENTOR

•

Célèbre dans le monde entier, je suis l'événement festif le plus attendu de l'année. Durant plusieurs mois, chaque école de samba* se prépare en construisant des chars gigantesques et en confectionnant des costumes assortis. Puis vient le moment du défilé, où chacun a son rôle à jouer : musiciens, porte-drapeaux, maîtres de cérémonie, danseuses. C'est moi le...

CARNAVAL DE RIO

RIO DE JANEIRO

De couleur jaune, je suis le symbole de tout un quartier situé sur les hauteurs de Rio de Janeiro. Plus vieux tramway du monde, j'étais tiré par des chevaux avant l'arrivée de l'électricité. Reliant le centre-ville au quartier de Santa Teresa, je porte le nom portugais de *bonde elétrico*, à prononcer...

BONDJI ELÉTRICO

•

Salé ou sucré, je suis d'une légèreté surprenante ! Distribué sur la plage ou dans les embouteillages par des vendeurs ambulants, je suis le biscuit croquant en forme d'anneau que tous les Cariocas* adorent. Je tire mon nom d'un journal brésilien et on retrouve sur mon emballage papier ce drôle de personnage avec une tête en forme de globe. Je suis le...

BISCOITO GLOBO

•

On m'emprunte pour relier les quartiers de Lapa et de Santa Teresa. Je comporte plus de 200 marches ornées de morceaux de faïence* aux couleurs du drapeau brésilien – jaune, vert et bleu. Je porte le nom de l'artiste qui m'a créé, à savoir...

L'ESCALIER SELARÓN

* Samba : genre musical et danse d'origine africaine, apparus au Brésil au XVIIe siècle. - Cariocas : nom donné aux habitants de Rio de Janeiro. - Faïence : poterie en terre cuite, colorée puis vernie.

ESCADARIA SELARON
RIO DE JANEIRO
DOIS IRMAOS
23
GLOBO

Je déploie mes feuilles en panache le long
de mes branches tortueuses. Quand mes
grosses fleurs éclosent au printemps,
je me transforme en un véritable feu d'artifice
mauve ! En tombant, elles recouvrent les rues
de Mexico d'un épais tapis violet.
On m'appelle le « flamboyant bleu » ou...

JACARANDA

MEXICO

À l'époque, je transportais
des marchandises, mais
aujourd'hui, je suis peinte
de toutes les couleurs et j'accueille
les visiteurs qui souhaitent faire
une balade sur l'eau. Je navigue
sur les canaux du quartier
de Xochimilco au rythme des
mariachis qui m'accompagnent.
Je suis une large barque
à fond plat, on m'appelle la...

TRAJINERA

Pour célébrer l'indépendance du Mexique après trois siècles
de domination espagnole, une colonne a été érigée.
À son sommet, j'étends mes ailes au-dessus de l'une des
plus grandes avenues de Mexico. Fondu avec sept tonnes de
bronze, je suis entièrement revêtu de feuilles d'or et je porte
une couronne de laurier, symbole de victoire. C'est moi...

L'ANGE DE L'INDÉPENDANCE

Je propose aux *capitalinos** des fruits entiers ou coupés et servis dans des petits pots, et aussi des jus d'ananas, de mangue ou de goyave en échange de quelques pesos*. Sorte de stand ambulant, on m'appelle souvent *carrito de frutas*, ou...

FRUTERÍA

Gigantesque bâtiment aux formes courbes, je suis entièrement recouvert de petits hexagones en métal, sorte d'écailles qui scintillent au soleil. J'abrite l'incroyable collection de peintures et de sculptures d'un riche homme d'affaires mexicain qui m'a donné le nom de sa femme, je suis le...

MUSEO SOUMAYA

Essentiellement bâti en marbre, dans un style Art déco, je suis si lourd que mes fondations s'enfoncent de jour en jour dans le sol. Mon dôme doré est spectaculaire, et j'abrite des fresques monumentales signées Diego Rivera*. À la fois théâtre, opéra et musée, je suis le palais des Beaux-Arts ou, en espagnol, le...

PALACIO DE BELLAS ARTES

*Capitalinos : nom donné aux habitants de la capitale mexicaine. - Pesos : monnaie mexicaine. - Diego Rivera : peintre mexicain (1886-1957).

Je suis au cœur du quartier latino de Little Havana. Incontournable à tout moment de la journée, j'accueille des parties de dominos endiablées, sur des airs de salsa. Créé en hommage à un révolutionnaire cubain, on m'appelle le parc Máximo Gómez, ou plus simplement le...

DOMINO PARK

Conçue en 1965 comme la maison du futur par le designer Richard Buckminster Fuller, ma forme sphérique s'inspire d'un œil de mouche. Je me situe dans le quartier des boutiques de luxe de Miami, mon dôme recouvert de bulles de verre est parfait pour observer les étoiles, je suis le Fly's Eye Dome, c'est-à-dire...

L'ŒIL DE MOUCHE

MIAMI

Je me fonds à merveille dans le paysage de Miami qui regorge de musées fantastiques, de sublimes fresques murales et de sculptures monumentales ! Logé dans une ancienne bibliothèque, je suis un empilement de rochers colorés, imaginé par l'artiste Ugo Rondinone et intitulé...

MIAMI MOUNTAIN

Du haut de mes pilotis, je surplombe la plage afin de permettre aux sauveteurs de surveiller les nageurs et les surfeurs qui s'aventurent dans les vagues. Dans ce style Art déco typique de Miami, on me reconnaît à mes couleurs pop et à mes formes géométriques. Je suis une petite tour que l'on appelle...

LIFEGUARD TOWER

Le long de Miami Beach, je fais face à l'Atlantique. Je regroupe plus de 800 petits immeubles construits entre 1920 et 1930 dans le style Art déco. Ils sont tous peints de couleurs pastel qui soulignent leurs formes géométriques, ce qui donne un air pimpant au quartier que l'on désigne comme...

ART DECO DISTRICT

Avant ma construction, il était impossible de traverser l'East River* sans prendre le bateau. D'une longueur de presque deux kilomètres, je suis l'un des premiers ponts suspendus des États-Unis. Je relie le quartier de Manhattan à celui de Brooklyn, qui me donne mon nom. Je suis le...

BROOKLYN BRIDGE

Avenue new-yorkaise connue dans le monde entier, je traverse le Bronx, Times Square et le quartier des théâtres qui porte mon nom. Illuminée par les enseignes étincelantes et les affiches de spectacles lumineuses, je suis connue pour accueillir les meilleures comédies musicales, c'est moi...

BROADWAY

Moins haut que mon voisin l'Empire State Building, je culmine à 319 mètres d'altitude avec ma flèche pointue reconnaissable entre mille. Réalisé dans un style Art déco alliant formes anguleuses et lignes courbes, je suis le gratte-ciel préféré des Américains, c'est moi le...

CHRYSLER BUILDING

NEW YORK

Tel un phare qui accueille les voyageurs ayant traversé l'Atlantique. Ma silhouette au bras levé, ma couronne ornée de rayons et le drapé de ma toge ont été imaginés par le sculpteur français Auguste Bartholdi, et c'est Gustave Eiffel qui a conçu ma structure en acier. Je suis la...

STATUE DE LA LIBERTÉ

Planté sur la Lune en 1969, je suis l'un des plus célèbres drapeaux au monde. Mes bandes rouges et blanches symbolisent les 13 premiers États qui ont fondé l'Union d'Amérique. Mon rectangle bleu a ensuite reçu une étoile supplémentaire chaque fois qu'un nouvel État rejoignait l'Union, jusqu'à sa version actuelle qui en compte 50. On m'appelle The Star-Spangled Banner ou encore...

OLD GLORY

Fréquentée par des centaines de milliers de passagers chaque jour, j'abrite dans mon immense hall voûté une horloge un peu particulière. Avec ses quatres cadrans en verre opalin blanc, elle avance d'une minute, donnant ainsi aux voyageurs 60 secondes de plus pour se dire au revoir... Je suis la plus grande gare du monde, je suis...

GRAND CENTRAL STATION

* East River : long détroit délimitant les contours est de Mahnattan.

WALL ST
ONE WAY
ONE WAY
TAXI
TAXI
APOLLO
APOLLO
The Broadway
THE APOLLO THEATER
WHERE STARS ARE BORN
AND Legends ARE MADE

Situé dans le parc royal de Djurgården, en plein cœur de la capitale, j'appartiens à la collection de sculptures de la princesse Estelle. Assemblage de bouées de sauvetage attachées les unes aux autres, je représente une chaîne d'entraide. Mon nom signifie « anneaux de vie », c'est moi...

LIFE RINGS

STOCKHOLM

Hareng, saumon, viande de renne ou saucisson d'élan, on trouve ici le meilleur de la gastronomie suédoise ! Depuis ma construction à la fin du XIXe siècle, j'abrite de jolis stands en bois sculpté qui regorgent de produits frais. Même les cuisiniers du roi viennent se fournir ici ! Je suis le marché...

SALUHALL

Roulé ou tressé, doré au four et parsemé de petits cristaux de sucre, je suis parfumé à la cannelle. On me déguste à toute heure de la journée accompagné d'un café, pour une pause réconfortante qu'on appelle *Fika*. Je suis connu dans le monde entier sous le nom de *cinnamon roll*, mais on dit ici...

KANELBULLE

Dressé sur l'îlot de Kastellholmen, dans l'archipel de Stockholm, je ressemble à un petit château avec mes créneaux et mon drapeau. Gardant l'entrée du port, j'ai longtemps été un bâtiment militaire qui saluait le passage des navires par des coups de canon. Je suis le...

KASTELLET

Coïncidant avec le solstice d'été*, je suis l'événement préféré des Suédois, qui portent alors des couronnes de fleurs et dansent autour de mâts ornés de feuillages. Je dure toute la nuit tandis que le soleil s'éteint à peine quelques minutes à l'horizon, c'est moi...

MIDSOMMAR

Il y a presque 400 ans, ma lourde coque chavire et coule le jour même de mon inauguration. Après avoir passé plus de trois siècles englouti sous les eaux, je suis enfin découvert par un chercheur passionné d'épaves. Remonté à la surface en parfait état, je reste à ce jour le navire du XVIIe siècle le mieux conservé au monde. Mon nom est...

VASA

*Solstice d'été : moment de l'année où le Soleil éclaire le plus longtemps l'un des deux hémisphères de la Terre (21-22 juin pour l'hémisphère nord).

J'interviens lors du Noël orthodoxe* qui a lieu le 7 janvier. C'est la plus grande fête de l'année, et tout le pays se pare de guirlandes lumineuses pour préparer mon arrivée et célébrer le Nouvel An. Assisté de ma petite-fille Snegourotchka, je distribue les cadeaux aux enfants russes qui m'appellent Grand-Père Gel ou...

DED MOROZ

Mes 200 tonnes de bronze n'ont pas résisté à l'incendie de la charpente dans laquelle j'étais suspendue au VIIIe siècle. En tombant, je fus partiellement brisée, mais l'on peut aujourd'hui m'admirer au pied de la tour d'Ivan le Grand sur la place des Cathédrales du Kremlin. On m'appelle la Cloche-Reine ou, en russe, la...

TSAR KOLOKOL

Inauguré à Moscou en 1963 puis dans de nombreuses villes d'Europe de l'Est, comme Prague ou Bratislava, je suis encore en fonction de nos jours. Je côtoie d'autres modèles de rames ultramodernes sur les 50 lignes qui permettent de traverser Moscou ! Je suis le tramway...

TATRA T3

Édifiée à partir
de 1552 sur la place Rouge*,
je célèbre la victoire de la prise
de Kazan par Ivan le Terrible,
le premier des tsars de Russie.
Mes neuf clochers multicolores
en forme de bulbes sont
représentatifs de l'architecture
orthodoxe. J'abrite le tombeau
de Basile le Bienheureux
à qui je dois mon nom de…

CATHÉDRALE SAINT-BASILE

Dressée pour signaler le pavillon russe lors de l'Exposition universelle de Paris en 1937, je mesure 24 mètres de haut ! Façonnée en acier dans un style constructiviste*, je représente la grandeur industrielle et agricole de l'URSS*. L'ouvrier et la fermière qui tendent fièrement la faucille et le marteau donnent leur nom à cette sculpture monumentale :

L'OUVRIER ET LA KOLKHOZIENNE

* Place Rouge : grande place au centre de Moscou. - Orthodoxie : l'une des confessions du christianisme. - Constructivisme : courant artistique russe du xxe siècle. - URSS : fédération d'États sous domination russe.

Je me fais de plus en plus rare dans la capitale, souvent remplacé par des versions plus modernes. Mais l'on peut encore embarquer sur mon pont supérieur devant la cathédrale Saint-Paul, puis sauter depuis ma plateforme arrière à Trafalgar Square ! C'est moi le célèbre bus rouge à étage appelé *Routemaster* ou...

BUS À IMPÉRIALE

Découvert échoué sur une plage d'Irlande en 1891, je suis désormais suspendu dans le grand hall du musée d'histoire naturelle de Londres. Avec mes 25 mètres de long, je suis aussi grand que les restes du diplodocus que j'ai remplacés. C'est moi le squelette de baleine bleue que l'on appelle...

HOPE

J'enjambe la Tamise* avec mes deux grandes tours carrées. Grâce à un système de bascule qui ressemble à celui des ponts-levis, ma large passerelle suspendue s'ouvre en deux pour laisser circuler les bateaux les plus imposants. Les piétons peuvent, quant à eux, accéder aux galeries supérieures et admirer la vue ! Mon nom signifie « pont de la tour », soit...

TOWER BRIDGE

* Tamise : fleuve d'Angleterre traversant Londres. - Clock Tower : dénomination signifiant « tour de l'horloge ». - The Shard : gratte-ciel en forme d'épine.

LONDRES

Trônant au sommet d'une fontaine, je suis le symbole du quartier de Picadilly Circus. En équilibre sur une jambe, je tends mon arc vers les milliers de passants qui se donnent rendez-vous à mes pieds chaque jour ! Ici, on me nomme...

EROS

Mon style gothique *so British*, très rectiligne, me confère une indéniable majesté, à l'image du reste du palais de Westminster dont je fais partie. Mes quatre faces sont ornées des cadrans d'une immense horloge qui me vaut le nom officiel de Clock Tower*. Mais je suis surtout réputé pour abriter l'énorme cloche de presque 14 tonnes surnommée « Gros Ben ». Ainsi, tout le monde me connaît sous le nom de...

BIG BEN

Inaugurée en l'an 2000, j'étais alors la plus haute roue panoramique du monde. À bord de l'une de mes capsules, les voyageurs s'élèvent de 135 mètres, ce qui leur permet d'observer la ville, du palais de Westminster à la gare de Waterloo en passant par The Shard* ! Baptisé « l'Œil de Londres », c'est moi le...

LONDON EYE

C'est dans mon chœur* que Napoléon Ier fut sacré empereur. Encadrée par deux hautes tours carrées, ma façade gothique est ajourée par une monumentale rosace au-dessus de l'entrée principale et ciselée de multiples bas-reliefs*. Mes nombreuses gargouilles*, ajoutées au Moyen Âge, ont été rendues célèbres par Victor Hugo, je suis...

NOTRE-DAME DE PARIS

Érigée pour l'Exposition universelle de 1889, je suis restée la plus haute tour du monde pendant plus de 40 ans ! Mes quatre pieds solidement enracinés à plus de 7 mètres sous terre ont été conçus pour soutenir les 10 000 tonnes de ma structure métallique. Symbole de la capitale et surnommée la « Dame de Fer », je suis la...

TOUR EIFFEL

Construite en fonte et en verre au tout début du xxe siècle dans le style Art nouveau, je signale aux voyageurs les accès au métro. On m'identifie aux détails végétaux qui enjolivent mes balustres. Je subsiste encore aux stations Porte Dauphine et Abbesses sous mon aspect le plus complet. Je porte le nom de mon créateur, je suis une bouche de métro...

GUIMARD

Installée en 1872, après la reconstruction de Paris, je permets aux plus misérables d'accéder gratuitement à l'eau potable. Agrémentée de quatre cariatides* symbolisant la Charité, la Bonté, la Simplicité et la Sobriété, je dois mon nom à mon inventeur, Sir Richard Wallace, je suis une...

FONTAINE WALLACE

Au Moulin-Rouge, au théâtre du Châtelet, au cirque d'Hiver, au Trianon, à l'Olympia ou encore aux Folies Bergère, les spectacles animent la vie nocturne parisienne depuis toujours. C'est pour qu'aucun spectateur ne passe à côté de ce si beau programme que j'ai été créée il y a 150 ans. Aujourd'hui encore, je sers à présenter les affiches de spectacles, c'est moi la...

COLONNE MORRIS

Chœur : partie centrale d'une église. - Bas-reliefs : sculpture en léger volume sur un fond.

Gargouille : statuette d'où s'écoule l'eau des gouttières. - Cariatide : pilier ayant la forme d'une femme.

AL VAPORETTO
OSTERIA DEL CASON
HOTEL IRIS

J'enjambe le Grand Canal pour relier deux *sestieri** de la ville, isolés l'un de l'autre avant ma construction à la fin du XVIe siècle. Plus qu'un simple lieu de passage pour les piétons, j'abrite sous mes arches deux rangées de boutiques, ce qui fait de moi un précieux exemple de pont bâti, à l'image du Ponte Vecchio à Florence. On m'appelle le...

PONT DU RIALTO

•

Tendre et charnu, je suis plus petit et mes feuilles sont moins épineuses que mon cousin vert, l'artichaut commun. Je dois mes saveurs singulières et ma belle robe pourpre au très fertile sol argileux et salin de l'île de Sant'Erasmo, où l'on me cultive. Les Vénitiens, qui raffolent de moi cru avec un peu d'ail, me nomment...

CARCIOFO VIOLETTO

•

Célèbre dans le monde entier pour les somptueux masques et costumes que portent mes participants, j'existe depuis presque mille ans ! J'ai lieu en hiver, pendant une dizaine de jours au cours desquels je change la ville en un gigantesque défilé de nobles personnages et de figures populaires tels Colombine, Polichinelle ou Arlequin. Je suis le...

CARNAVAL DE VENISE

VENISE

Je fais face au palais des Doges et m'élève au-dessus des toits à presque 100 mètres de hauteur. Érigé sur le site d'une probable tour de guet, je fus autrefois un phare pour la navigation. Plus tard, Galilée* m'utilisa comme observatoire du ciel, mais ma principale fonction est tout simplement d'être le clocher de la basilique Saint-Marc. C'est moi le...

CAMPANILE DE SAINT-MARC

•

Je suis la partie visible d'un ingénieux système de puits récupérateurs d'eau de pluie, que la République de Venise avait mis en place pour être autonome en eau potable. Margelle richement sculptée et placée au centre d'une place, je suis surélevée de quelques marches pour éviter d'être submergée durant les épisodes d'*acqua alta**. On m'appelle la...

VERA DA POZZO

•

On peut me contempler partout – sur des blasons, des pièces de monnaie, des sceaux, des bas-reliefs, sur le fronton des églises ou en statues monumentales. Je représente saint Marc, patron de la ville depuis le IXe siècle. On me reconnaît à mes ailes et au livre ouvert, symbole de paix, que je tiens entre mes pattes. Je suis le...

LION DE SAINT MARC

* *Sestieri* : nom donné aux quartiers historiques du centre de Venise. - Galilée : mathématicien et astronome italien (1564-1642). - *Acqua alta* : pic de marée inondant Venise, fréquent à l'automne et en hiver.

Immenses labyrinthes regroupant de nombreuses échoppes artisanales, les *souks* ont chacun sa spécialité : bijoux, épices, lanternes, paniers, babouches ou tissus. L'un d'eux regorge des tapis venus de diverses régions du pays – kilim, boucherouite, azilal ou beni ouarain, aux couleurs, motifs et textures variés, c'est le célèbre...

SOUK JOUTIA ZRABI

Bâtie en 1929, je mélange l'architecture traditionnelle marocaine et le style Art déco. À la fois résidence et atelier d'artiste, je suis identifiable à mes murs bleu outremer soulignés de jaune. Je suis entourée d'un vaste jardin botanique foisonnant, entre autres, de cactus, de bambous, de jasmins et de bananiers, et enjolivé de bassins et de fontaines. J'ai été imaginée par le peintre français Jacques Majorelle dont je porte le nom. C'est moi la...

VILLA MAJORELLE

Transmise de père en fils et installée au cœur de la célèbre place Jemaa el-Fna, je suis le lieu de rendez-vous des habitants, du matin tôt jusque tard dans la nuit. Chargée d'environ 300 kilos de clémentines, pamplemousses, oranges ou citrons en fonction de la saison, je suis la...

CALÈCHE À JUS D'ORANGE

Apparus au Maroc il y a mille ans, nous sommes traditionnellement de couleur verte, bleue, brune, jaune ou blanche. Petites pièces en céramique émaillée de formes diverses, nous sommes assemblées les unes avec les autres pour former des motifs géométriques. Nous ornons les sols ou les murs des riads*, des mosquées, des hammams et des palais. Selon les régions, on nous appelle *zliz*, *jelliz* ou...

ZELLIGE

MARRAKECH

Haut de 77 mètres, mon minaret est décoré dans un style typique arabo-andalou. Cinq fois par jour, la voix du *muezzin** s'élève de mon sommet pour appeler les fidèles à la prière. Construite dans l'ex-quartier des vendeurs de livres, je suis la plus grande mosquée de la ville, et mon nom signifie « libraire ». On me nomme la...

KOUTOUBIA

Mon costume rouge et mon exubérant chapeau à franges et à clochettes me signalent de loin lorsque j'approche des *souks** ou déambule sur les places de la *medina**. Je transporte sur mes flancs deux grandes poches étanches en peau de chèvre remplies d'eau fraîche, que je livrais autrefois aux commercants et aux passants, en échange d'un peu de monnaie. Témoin d'une époque révolue où l'eau courante n'existait pas encore, je suis le porteur d'eau nommé...

GUERRAB

* Riad : maison de ville traditionnelle. - *Muezzin* : homme qui appelle à la prière du haut de la mosquée. - *Souk* : marché. - *Medina* : vieux quartier d'une ville en Afrique du Nord.

MERCI DIEU
LA PATIENCE EST UN CHEMIN D'OR
V8
Baobab
JUS DE BOUYE
MiMi
tresses

Poumon de la ville, je suis un souk où l'on trouve aussi bien des mangues, du poisson, des djembés, que des bijoux et des tissus. Je m'élève au cœur du grand marché de Bamako, avec mes formes géométriques roses. Je suis typique de l'architecture soudanaise en terre crue. On m'appelle le...

MARCHÉ ROSE

•

Nous sommes tous de couleur verte, mais, décorés par nos propriétaires de façon extravagante, nous avons chacun notre personnalité ! Que nous transportions deux ou vingt Bamakois, notre allure reste modérée, car, comme le dit l'adage : « camion pressé finit toujours en brousse » ! Nous sommes les...

SOTRAMAS

•

Avec mes bras gigantesques tendant vers le ciel un globe terrestre sur lequel est posée une colombe blanche, je symbolise l'union nationale et le retour de la paix dans le pays. Je me dresse à l'entrée du pont du Roi-Fahd qui enjambe le fleuve Niger. Je suis le...

MONUMENT DE LA PAIX

BAMAKO

Ici, on me trouve dans toutes les maisons ! Bien que je sois en forme de bouilloire, ce n'est pas à la cuisine que je sers mais bien dans la salle de bains. En plastique coloré, je peux contenir environ trois litres d'eau et suis utilisé pour la toilette. Mon nom est...

TASSALÉ

•

Ma structure en béton est recouverte de marbre et mes quatre grandes arches abritent un flambeau, symbole de liberté. On peut lire sur mes piliers les noms des héros qui ont rendu possible l'indépendance du pays après un siècle de colonisation. Je suis le...

MONUMENT DE L'INDÉPENDANCE

•

Véritable boisson nationale, je suis en vente partout dans les rues de Bamako et très appréciée des Maliens. Je suis habituellement faite maison à partir des fruits du baobab, que l'on appelle « pains de singe » ou *zira*, ce qui me donne le nom de...

ZIRA DJI

Unique par l'architecture des maisons ottomanes qui me composent et par mes ruelles pavées et pentues, je me situe dans la partie européenne de la ville. Certaines de mes façades multicolores à encorbellement* ont 200 ans et me valent d'être classé au patrimoine mondial par l'UNESCO. Je suis le quartier de...

BALAT

Construite sous terre au VIe siècle pour stocker l'eau de pluie à Constantinople*, je suis plus vaste qu'un terrain de football. Mon plafond voûté est soutenu par 336 colonnes de marbre, dont deux sont ornées d'une mystérieuse tête de Méduse*. Je suis la...

CITERNE BASILIQUE

On aperçoit ma silhouette dans la brume du matin et on distingue le bruit de mon moteur au milieu des cris des goélands. Je navigue sur le Bosphore*, d'un continent à l'autre, pour relier les deux rives de la ville. Les Stambouliotes* me préfèrent aux embouteillages des ponts et profitent du voyage pour boire un café turc ou un lait chaud. Je suis un bateau à vapeur, un...

VAPUR

Délicieux petit pain à la fois brioché et croustillant, j'ai la forme d'un grand anneau et je suis recouvert de graines de sésame. Je suis vendu partout dans la rue par des vendeurs ambulants qui me transportent sur de grands plateaux posés sur leur tête, en criant *Taze simit !* qui signifie « pain frais ». D'autres sont équipés de jolis chariots rouge et blanc. Je suis le...

SIMIT

Suspendu au rétroviseur intérieur d'un taxi, ou à la poignée d'une porte, en pendentif ou en porte-clé, je suis partout ! Sorte de talisman visant à protéger contre les mauvais sorts, je suis généralement en verre bleu outremer et blanc, et ma forme évoque celle d'un œil, d'où mon nom de...

NAZAR BONCUK

ISTANBUL

Défendu par de hauts remparts, je suis un gigantesque palais qui accueillit le sultan et sa cour pendant plusieurs siècles. J'ai été construit après la chute de Constantinople*, en 1459. Constitué de nombreux bâtiments et de plusieurs patios et jardins, je suis désormais un musée. J'abrite les vestiges de l'acropole de Byzance*, quantité de trésors de l'Empire ottoman, mais aussi de drôles d'arbres centenaires aux troncs creux. C'est moi le palais impérial de...

TOPKAPI

* Encorbellement : partie d'une façade qui surplombe la rue. - Constantinople et Byzance : anciens noms de la ville. - Méduse : figure mythologique. - Bosphore : détroit qui coupe la ville en deux. - Stanbouliotes : nom donné aux habitants d'Istanbul.

Cousine de l'œillet d'Inde, mes nombreux pétales forment des pompons de couleur jaune, orange ou blanche. Cultivée partout dans le pays, je suis souvent assemblée en guirlandes ou en colliers appelés *mala* et suspendus dans les temples et les maisons. Je suis la rose d'Inde, la...

MARIGOLD

Mes douze cadrans géants, orientés vers le ciel pour observer les signes du zodiaque, semblent tout petits comparés au gigantesque Brihat Samrat Yantra de 27 mètres de haut qui permet de connaître l'heure avec une grande précision. Observatoire astronomique de Jaipur construit au XVIIIe siècle, je suis le...

JANTAR MANTAR

Me voilà
au milieu des scooters
avec mes trois roues et ma capote
de toile jaune ! Traditionnellement,
j'étais tiré par un vélo, mais je suis désormais
équipé d'un petit moteur et peux transporter
deux ou quatre passagers. On m'appelle
souvent « touk-touk » ou bien...

AUTORICKSHAW

JAIPUR

Je suis l'une des quatre portes qui ouvrent sur le Jardin des amoureux du City Palace de Jaipur... La porte des Roses correspond à l'hiver, la porte du Paon à l'automne et la porte Verte au printemps. Quant à moi, je représente l'été avec mon linteau* richement décoré de pétales de lotus, je suis la...

PORTE DU LOTUS

Je me situe à l'entrée d'un jardin créé sur le plus grand rond-point du pays. Mes voûtes et mes murs, peints à la main, représentent une multitude de saynètes qui illustrent le patrimoine du Rajasthan*. Ornée de nombreux détails colorés et dorés, je reprends l'architecture traditionnelle de la région, je suis la...

PORTE PATRIKA

Rajasthan : État du nord de l'Inde, dont Jaipur est la capitale. - Linteau : élément horizontal soutenant la partie supérieure d'une ouverture.

Je suis en bronze et pèse 250 tonnes. On aperçoit mon imposante silhouette du bas des 268 marches qui mènent jusqu'à mon piédestal. J'accueille ainsi les pèlerins. Le visage serein, une main levée et l'autre posée sur un genou, la paume tournée vers le ciel en signe de générosité, je suis le...

BOUDDHA DE TIAN TAN

•

Créé dans le style de la dynastie Tang, je réunis de nombreuses espèces d'arbres et de bonsaïs*. On vient parcourir mes allées pour admirer les carpes qui nagent dans mes bassins et le célèbre pavillon dit « de la perfection absolue », érigé en bois et entièrement recouvert de feuilles d'or. C'est moi le...

JARDIN DE NAN LIAN

•

Je suis une grande sculpture dorée, dressée au milieu d'un square pour commémorer la fin de l'emprise britannique sur la ville. Devant moi, chaque matin, a lieu une cérémonie de lever du drapeau de la ville aux côtés de celui de la Chine. Je représente une fleur de *Bauhinia blakeana** mais comme je ressemble un peu à un chou, les Hongkongais me surnomment le...

BOK CHOY DORÉ

HONG KONG

Je suis traditionnellement exécutée pour célébrer le Nouvel An chinois. Deux danseurs dissimulés sous un grand costume se coordonnent pour donner l'illusion d'un animal à quatre pattes. Le danseur à l'arrière ne voit rien et doit donc se laisser guider par le danseur de devant, qui porte un énorme masque de félin. Je suis la...

DANSE DU LION

•

Nous permettons aux passants de circuler en sécurité au-dessus des rues et leur évitons d'attendre lorsqu'ils veulent traverser. Nous relions plusieurs immeubles entre eux ainsi que des stations de tramway. Vaste réseau piéton surélevé, nous sommes les...

PASSERELLES DE CENTRAL

•

J'ai l'air toute petite et bien vieille au milieu des gratte-ciel modernes qui m'entourent ! Mais je me dresse ici fièrement depuis plus d'un siècle, bien que la gare que je surplombais ait été déplacée. Faite de briques rouges et de granit, j'ai survécu à la bataille de Hong Kong pendant la Seconde Guerre mondiale et je continue de donner l'heure. On m'appelle la...

TOUR DE L'HORLOGE

* Bonsaï : arbre miniature planté en pot. - *Bauhinia blakeana* : arbre dont la fleur violette est l'emblème de Hong Kong.

24
24
越興園
華南冠
旺角
MONG KOK
旺角
MONG KOK
大通製傘有
押

À Tokyo, je suis présente à chaque coin de rue. Seule ou à côté d'autres machines du même genre, je fonctionne jour et nuit et propose tout un tas de boissons rafraîchissantes et de plats instantanés. Mon nom signifie « distributeur automatique », je suis un *Jidohanbaiki* ou plus simplement...

JIHANKI

Savoureux bouillon issu de Chine, je suis agrémenté de nouilles, d'algues séchées, de porc grillé, de ciboule, d'œuf et accessoirement de *narutomaki* en forme de spirale. On me trouve en vente dans de petits restaurants ambulants qu'on appelle *yatai*. Je suis le délicieux...

RAMEN

TOKYO

Non loin du célèbre carrefour aux immenses passages piétons, dans le quartier de Shibuya, je fais face à la sortie de métro qui porte désormais mon nom. Élevée en l'honneur d'un *chuken* (chien fidèle) venu attendre son maître disparu chaque jour pendant dix ans, je suis la satue de...

HACHIKO

Depuis l'observatoire situé à mon premier étage, on peut apercevoir le mont Fuji au sud-ouest de la ville. De 2 mètres plus haute que ma sœur aînée, la tour Eiffel, je suis le symbole de la reconstruction du Japon après la Seconde Guerre mondiale. C'est moi la...

TOUR DE TOKYO

Suspendues dans les airs chaque année pour célébrer la journée des enfants au Japon, nous sommes de longues manches à air, faites de papier ou de tissu, en forme de carpes koï. Par groupes de trois ou plus, nous représentons les membres d'une même famille, on nous appelle les...

KOI NOBORI

On m'emprunte pour accéder au plus vieux temple bouddhiste de Tokyo, le Senso-ji. Haute de 11 mètres, j'abrite les statues des dieux shinto* Fujin et Raijin ainsi qu'un *chochin*, lanterne traditionnelle, ici de proportions démesurées, sur lequel est inscrit mon nom. Je suis la porte du Tonnerre, ou...

KAMINARIMON

*Shinto : ensemble de croyances reconnu comme la plus ancienne religion du Japon.

Rotor, grande roue, autos-tamponneuses, carrousel, montagnes russes ou train fantôme… les Sydnéens me rendent visite pour vivre des sensations fortes, manger du popcorn et des barbes à papa ! J'ai presque 90 ans et bien que j'aie souvent été rénové, je garde aujourd'hui encore mon entrée monumentale en forme de tête couronnée, inspirée de celle d'un parc d'attractions plus ancien situé à Melbourne*. Je suis le…

LUNA PARK

SYDNEY

Drôle de cylindre doré posé au sommet d'un vertigineux pilier, je suis maintenu par 56 câbles tendus et arrimés au sol. De mon dernier étage circulaire, à plus de 250 mètres de haut, on observe la ville à 360°. Surnommée *Centrepoint Tower*, je suis la…

TOWER EYE

Construit en 1858 à la suite de plusieurs naufrages meurtriers, je suis l'un des plus vieux phares du pays. Situé à la pointe d'une avancée rocheuse appelée South Head, je signale aux marins, grâce à ma lanterne, la présence des nombreux récifs à l'entrée de l'immense port de Sydney. On me reconnaît à mes bandes verticales rouges et blanches. Je suis le phare Hornby, le…

HORNBY LIGHTHOUSE

Les Australiens m'emportent toujours dans leur valise lorsqu'ils voyagent. Aliment incontournable de la gamelle des soldats durant la Seconde Guerre mondiale, j'ai été inventée en 1922. À base de levure de bière, j'ai une couleur brune très foncée et une texture épaisse. On pourrait me trouver des points communs avec les pâtes à tartiner au chocolat, mais moi, je suis salée et excellente pour la santé ! À Sydney, tout le monde commence sa journée avec le plein de vitamine B en mangeant une tartine de...

VEGEMITE

Célèbre aux quatre coins de la planète pour mes formes uniques, je suis l'œuvre d'un architecte danois et ma construction a duré 14 ans ! Mes grandes arches pointues recouvertes de carreaux beiges et blancs me donnent des airs de bateau toutes voiles dehors. Ma principale salle de concert abrite le plus grand orgue à traction mécanique du monde, avec plus de dix mille tuyaux. C'est moi le...

SYDNEY OPERA HOUSE

J'accueille huit chaussées automobiles, deux voies de chemin de fer, une piste cyclable et une allée piétonne. Je compte ainsi parmi les ponts les plus larges au monde. Reliant les quartiers The Rocks et North Shore, je suis l'un des premiers ponts en arc d'acier à avoir vu le jour. C'est moi le pont de Sydney ou...

HARBOUR BRIDGE

* Melbourne : deuxième plus grande ville du pays après Sydney.

RIO DE JANEIRO (Brésil)

Cette mégapole de près de 7 millions d'habitants n'est pas la capitale du Brésil, mais son extraordinaire carnaval en fait la ville du pays la plus renommée du pays. Située à l'est, au bord de l'océan Atlantique, elle était habitée par les peuples autochtones avec lesquels les Européens entamèrent leur commerce au XVIe siècle. Ayant définitivement colonisé les lieux au niveau des fameuses plages d'Ipamena et de Copacabana, les Portugais fondent la ville en 1565 et la nomment « Fleuve de janvier ».

CHRIST RÉDEMPTEUR

Œuvre de Heitor da Silva Costa, Carlos Oswald, Paul Landowski et Gheorghe Leonida, inaugurée en 1931

ESCALIER SELARÓN

Escalier de 215 marches, orné de plus de 2 000 tuiles, céramiques et miroirs issus de 60 pays, par le Chilien Jorge Selarón en 1994

FAVELAS

Bidonvilles apparus en 1897, on en compte environ 1 000 actuellement, après leur multiplication autour de la ville à partir des années 1950

BONDJI ELÉTRICO

Transport en commun reconnaissable à ses rames jaunes ; mis en service en 1875, il ne compte plus que deux lignes

ORELHÕES

Cabines téléphoniques en forme d'oreille créées au début des années 1970 par la designer d'origine chinoise Chu Ming Silveira

TROTTOIR DE COPACABANA

Pavement de vagues noires et blanches en mosaïque, signé par l'architecte paysagiste Roberto Burle Marx dans les années 1970

PÃO DE AÇÚCAR

Monolithe de granit de 396 m de haut ; son sommet est accessible par un téléphérique depuis 1912

CAPOEIRA

Art martial brésilien pratiqué clandestinement par les esclaves africains à partir du XVIe siècle, devenu depuis un sport populaire

CARNAVAL DE RIO

Riche défilé costumé, festif et coloré, des différentes écoles de samba, initié en 1840 et se déroulant sur une semaine en février

BISCOITO GLOBO

Rondelle de biscotte à base de farine de manioc, invention des frères Milton, Jaime et João Fernandes dans les années 1950

BATUCADA

Groupe de percussions et genre musical dérivé de la samba, dont les instruments traditionnels sont arrivés d'Afrique avec les esclaves

TOUCAN TOCO

Ce toucan habite la forêt tropicale et la savane brésilienne, mais on en trouve également au sommet des grands arbres dans la ville de Rio de Janeiro

HAVAIANAS

Bien que les chaussures à lanières aient été invent ées en Égypte, les tongs dans leur forme actuelle viennent du Brésil qui en exporte dans 85 pays !

FUTEBOL

L'équipe nationale a marqué l'histoire du football en remportant cinq coupes du monde avec des joueurs comme Pelé, Ronaldo et Ronaldinho

MEXICO (Mexique)

Au cœur du Mexique, sur de hauts plateaux montagneux à la croisée de plusieurs plaques tectoniques, se trouvait le lac Texcoco. C'est sur l'une de ses îles que les Aztèques établirent Mexico-Tenochtitlán, la capitale de leur empire. Entièrement détruite par les conquistadors espagnols en 1521, la ville fut reconstruite sur le lac ingénieusement asséché. Peuplée de plus de 21 millions de *Chilangos*, Mexico est aujourd'hui un carrefour multiculturel qui a renoué avec ses racines aztèques tout en leur alliant la culture hispanique.

TRAJINERAS

Barques colorées fabriquées à la main depuis des siècles et souvent peintes en rouge et jaune, les couleurs d'un amical serpent à deux têtes !

COCCINELLE

Voiture de la marque allemande Volkswagen, imaginée par Ferdinand Porsche et qui apparut au Mexique en 1956

ANGE DE L'INDÉPENDANCE

Colonne à l'ange doré s'élevant à 45 m de haut, érigée en 1910 par Antonio Rivas Mercado pour célébrer le centenaire de l'indépendance du Mexique

PALACIO DE BELLAS ARTES

Dôme doré du palais des Beaux-Arts, le premier opéra de Mexico, dessiné par l'architecte italien Adamo Boari et achevé en 1934

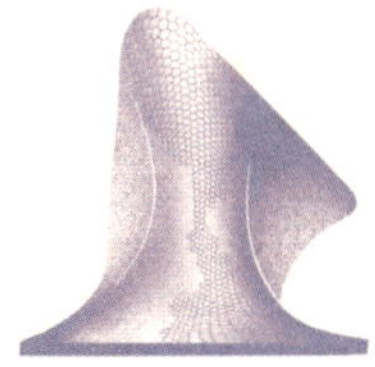

MUSEO SOUMAYA

Musée fondé par le magnat Carlos Slim et conçu par l'architecte Fernando Romero ; inauguré en 2011, il abrite plus de 65 000 œuvres d'art

CALAVERAS

Au Mexique, têtes de mort peintes de motifs vivement colorés, réalisées pour la célébration annuelle des défunts, *el Día de Muertos*

FIGUIER DE BARBARIE

Cactus originaire du Mexique, il apparaît sur les armoiries du pays ; on consomme ses fruits mais aussi ses raquettes, les *nopalitos*

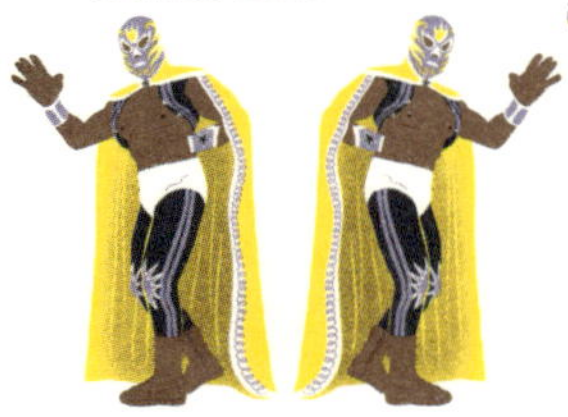

LUCHA LIBRE

Sorte de catch mexicain technique et acrobatique, pratiqué depuis 1863 par des *luchadores* (combattants) masqués

JACARANDA

Arbre originaire d'Amérique du Sud, avoisinant 15 m de haut, doté de feuilles évoquant celles de fougères et de fleurs bleu violacé

FRUTERÍA

Petit magasin de fruits, ambulant ou non, typique du Mexique et de l'Amérique latine

MIAMI (États-Unis)

À la pointe de la Floride, au sud-est des États-Unis, Miami s'étend sur la côte atlantique qui fait face aux Bahamas et à Cuba. Ses habitants comptent donc une importante communauté cubaine, qui influence la culture de la ville, notamment par sa musique et sa gastronomie. Mais Miami c'est aussi le culte des loisirs, les villas d'architecte, les piscines turquoise, les plages de sable blanc, les boutiques de luxe, les galeries d'art, les terrains de golf, les cocktails et les palmiers, le tout rimant avec soleil et chaleur tropicale !

LIFEGUARD TOWERS

Tours de surveillance de différentes formes et couleurs, au nombre de 36, d'un style Art déco revisité par William Lane depuis les années 1990

ART DECO DISTRICT

Parmi les immeubles de ce célèbre quartier de South Beach se trouve l'hôtel Crescent, construit dans les années 1930

MIAMI MOUNTAIN

Œuvre d'art de 12,50 m de haut, signée du Suisse Ugo Rondinone et installée en 2016 dans le parc Collins de South Beach

FERRARI TESTAROSSA

Véhicule iconique de la marque italienne, fabriqué de 1984 à 1996, devenu l'emblème de la série *Miami Vice* (*Deux Flics à Miami*)

DOMINO PARK

Espace aménagé en 1976, devenu le rendez-vous historique de vieux Cubains joueurs de dominos ou venus bavarder entre amis

PIÑA COLADA

Cocktail de jus d'ananas, crème de noix de coco et rhum, créé en 1954 par le barman Ramón Monchito Marrero

ROLLER SKATING

Discipline ludique et sportive sur patins à roulettes, ravivée dans les années 1970 et pratiquée en musique le long des plages

GOLF

Connue pour ses 14 parcours de golf, son master annuel de tennis et son culte du corps attesté par les adeptes du bodybuilding, Miami a fait du sport un véritable art de vivre

L'ŒIL DE MOUCHE

Prototype d'un logement sphérique futuriste rêvé par l'inventeur Richard Buckminster Fuller, qui le voulait écologique et autonome

FLAMANT ROSE

Cet échassier apprécie la Floride et ses marais, comme ses cousins aquacoles, les hérons, pélicans ou aigrettes, qui y trouvent de la nourriture en abondance

NEW YORK (États-Unis)

Avec ses 9 millions d'habitants et ses cinq quartiers réputés (Manhattan, Brooklyn, Staten Island, le Bronx et le Queens), New York City n'est pourtant pas la capitale des États-Unis d'Amérique ! Surnommée la « Grosse Pomme », elle est connue pour ses gratte-ciel bâtis dès le début du XXe siècle sur la presqu'île de Manhattan, naturellement délimitée par l'Hudson et l'East River. Sur une petite île de la baie se dresse l'emblématique statue de la Liberté depuis 1886.

FAÇADES DU BRONX

L'architecture de brique de ce quartier du nord de New York est reconnaissable à ses escaliers de secours extérieurs

TAXIS JAUNES

Créés à Chicago en 1907 par John Daniel Hertz, fondateur de la Yellow Cab Company ; leur couleur jaune a rapidement conquis New York et le reste du pays

BORNE D'INCENDIE

Point d'alimentation en eau des camions de pompiers, conçu en 1863, probablement par l'ingénieur britannique James Henry Greathead

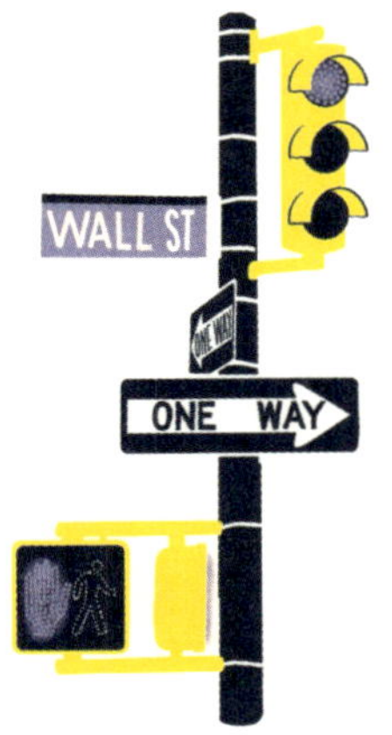

FEUX DE SIGNALISATION

Premiers feux de circulation tricolores (auparavant bicolores), inventés en 1923 par l'ingénieur autodidacte Garret Augustus Morgan

CHRYSLER BUILDING

Gratte-ciel haut de 77 étages, à la flèche d'acier caractéristique, construit entre 1928 et 1930 sous la direction de l'architecte William Van Alen

STATUE DE LA LIBERTÉ

Sculpture de 93 m de haut, dessinée et réalisée entre 1870 et 1884 par Frédéric Auguste Bartholdi, et veillant sur New York depuis 1886

OLD GLORY

Drapeau reconnaissable à ses 13 bandes blanches et à ses 50 étoiles, revendiqué par le politicien Francis Hopkinson en 1777

BROOKLYN BRIDGE

Pont haut de 84 m et large de 28 m, édifié de 1869 à 1883, et dû à l'ingénieur John August Roebling, un as des ponts suspendus !

HOT-DOGS

Saucisse de Francfort dans du pain nappé de sauce, cuisinée pour la première fois vers 1870 par le boulanger allemand Charles Feltman

BROADWAY

Avenue jalonnée de plus de 40 théâtres, traversant Manhattan sur 21 km, en lieu et place d'une piste naguère tracée par les Premières Nations

ÉCUREUILS

Les écureuils d'Amérique du Nord sont plusieurs millions à vivre dans les parcs de New York ! Contrairement aux écureuils d'Europe, ils ne sont pas roux mais gris

HORLOGE DE GRAND CENTRAL STATION

Horloge créée par Henry Edward Bedford, fameuse pour ses quatre cadrans en verre laiteux comparable à de l'opale

STOCKHOLM (Suède)

Sur la côte est de la Suède, Stockholm fait face à Saint-Pétersbourg situé de l'autre côté de la mer Baltique, sur les rivages russes. Disséminée sur 14 îles, elle est un point de passage important pour le commerce maritime scandinave et s'est imposée dès le xve siècle comme la capitale du pays. On y trouve le palais royal où résident les monarques, mais aussi nombre de musées, théâtres, opéras et universités, qui contribuent au rayonnement culturel de cette métropole à travers le monde.

TEKNISKA HÖGSKOLAN

Station de métro de l'Institut royal de technologie, ouverte en 1973 et rendant hommage au progrès scientifique et technologique

KANELBULLAR

Brioche traditionnelle à la cannelle, présente dans toutes les pâtisseries de Suède et célébrée chaque année le 4 octobre

VASA

Épave du navire de guerre *Vasa* qui fit naufrage en 1628, lors de sa sortie inaugurale ; visible aujourd'hui au musée qui porte son nom

KASTELLET

Citadelle achevée en 1848, dressée sur les fondations d'un ouvrage militaire de 1667 ; chaque jour, on y hisse le drapeau suédois

GAMLA STAN

Centre historique de la Stockholm du xiiie siècle, désormais un quartier coloré aux rues pavées animées de boutiques, cafés, musées, etc.

GARDE ROYAL

En bleu et blanc, à cheval ou à pied, mais toujours en musique, les gardes du palais royal de Stockholm paradent tous les jours de l'année

MUSÉE SKANSEN

Musée en plein air fondé en 1891 par Arthur Hazelius, où fermes et maisons révèlent le quotidien et les traditions suédoises ancestrales

LION DE PIERRE

Protégeant les places et les rues piétonnes, ces lions et lionnes de pierre, symboles de la ville, servent aussi de bancs aux Stockholmois

MIDSOMMAR

Célébration du solstice d'été, le jour de la Saint-Jean, au cours duquel les Suédois se réunissent pour danser et partager de grands repas

ÉGLISE DE RIDDARHOLMEN

Seule abbaye médiévale de Stockholm, édifiée au xiiie siècle, et dernière demeure des souverains suédois

LIFE RINGS

Sculpture extérieure d'Elmgreen & Dragset, constituée d'un assemblage de bouées de sauvetage de 7,55 m de haut

SALUHALL

Marché de spécialités locales, sous une halle de briques construite en 1888 par Isak Gustaf Clason et Kasper Salin

MOSCOU (Russie)

Installée sur les berges de la rivière dont elle tire son nom, Moscou (*Moskva* en russe) est la capitale de la Russie. Son architecture témoigne des profonds changements qu'elle a subis au fil de l'histoire. Avec son Kremlin fortifié et ses cathédrales du temps des tsars, ses bâtiments soviétiques et ses statues monumentales à la gloire de l'URSS (Union des républiques socialistes soviétiques), cette ville a inspiré de nombreux auteurs comme Jules Verne et Léon Tolstoï.

THÉÂTRE BOLCHOÏ

Lieu de représentation de ballets et d'opéras, inauguré en 1825, mais entièrement restauré en 1856, après un incendie

TSAR KOLOKOL

Cloche en bronze de 6,60 m de diamètre pesant 200 tonnes ; fondue en 1735, elle n'a jamais sonné avant d'être partiellement détruite au cours d'un incendie

TRAMWAY

Inventé aux États-Unis en 1832, le tramway existe à Moscou depuis 1899 ; il faut attendre 1963 pour voir arriver les rames du Tatra T3 sur le réseau moscovite

MATRIOCHKAS

Poupées russes contenues les unes dans les autres, créées à la fin du xixe siècle par Vassili Zvezdotchkine et Sergueï Malioutine

KREMLIN DE MOSCOU

Ensemble de cathédrales et de palais protégés derrière une enceinte fortifiée élevée entre 1485 et 1495 ; actuel siège du pouvoir

DED MOROZ

Équivalent russe du père Noël, vêtu d'un manteau bleu ; il apporte des cadeaux le soir du Nouvel An, soit sept jours avant le Noël orthodoxe

STATION DE MÉTRO NOVOSLOBODSKAYA

Station ornée, depuis 1952, de 32 vitraux dessinés par Pavel Korine, qui s'est inspiré des brocards des costumes traditionnels russes

L'OUVRIER ET LA KOLKHOZIENNE

Sculpture monumentale créée en 1937 par l'artiste russe Vera Moukhina ; emblématique du « réalisme socialiste », elle célèbre le prolétariat et les valeurs soviétiques

CATHÉDRALE SAINT-BASILE

Édifice religieux érigé entre 1555 et 1561, surplombant la place Rouge ; ses bulbes multicolores, qui culminent à 65 m de haut étaient jadis des coupoles dorées

BALLET DU BOLCHOÏ

Compagnie de danse classique rattachée au théâtre Bolchoï où fut joué pour la première fois le *Lac des cygnes* (Tchaïkovski) en 1877

OURS

Le *medved* (prononcer « midvit ») est le symbole de la Russie qui en compte environ 300 000 sur son territoire, répartis en trois espèces : l'ours brun, l'ours polaire et l'ours noir d'Asie

LONDRES (Angleterre)

Capitale du Royaume-Uni, Londres prospère à partir du Moyen Âge, grâce à sa situation géographique, favorable au commerce, le long de la Tamise. Elle est dévastée par les Vikings puis reconstruite et protégée par les rois anglais, qui s'établissent dans le célèbre palais de Westminster. Le style gothique de son architecture et le ciel souvent nuageux ont façonné le mythe d'une ville sombre et inquiétante, mais Londres est avant tout une ville cosmopolite et festive où se côtoient les cultures du monde entier.

CHANGING THE GUARD
Le défilé des soldats en tuniques rouges, coiffés de hauts bonnets en peau d'ours, a lieu chaque matin au palais de Buckingham et s'appelle « la relève de la garde »

TOWER BRIDGE
Pont basculant à deux tours, de 244 m de long, conçu par les architectes Sir Horace Jones et John Wolfe Barry, et inauguré en 1894

PHONE BOX
Cabine téléphonique créée par Sir Giles Gilbert Scott en 1935, que l'on retrouvait jadis aux quatre coins du monde, dans les territoires de l'Empire britannique

BULLSEYE
Logo du métro londonien modernisé en 1919 par le graphiste Edward Johnston, auteur de la typographie du nom des stations

BUS À IMPÉRIALE
Bus rouge à deux étages roulant à Londres dès les années 1900, et dont le Routemaster, en service de 1956 à 2005, restera la version iconique !

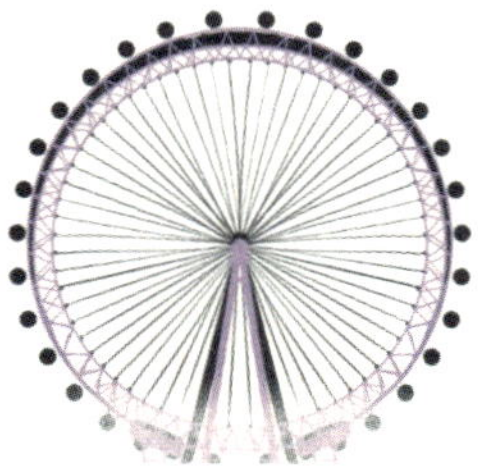

LONDON EYE
Grande roue sortie du cabinet d'architectes Marks & Barfield, installée pour fêter le passage à l'an 2000, d'où son autre surnom de *Millennium Wheel*

RENARD ROUX
Habitant (pas très) sauvage de Londres, qui se nourrit dans les poubelles et les jardins ; la ville en compte plus de 10 000

CAMDEN MARKET
Marché ouvert en 1974 dans le quartier de Camden Town, et rassemblant aujourd'hui des boutiques bigarrées aux ambiances arty, punk, hippie ou autres…

HOPE
Squelette de baleine bleue exposé au musée d'histoire naturelle de Londres, composé de 221 os d'un poids total de 4,5 tonnes

BIG BEN
Horloge dite « la plus précise au monde », dont les cadrans de 7 m de diamètre ornent la tour Élisabeth du palais de Westminster depuis 1859

EROS
Statue en bronze dressée à Piccadilly Circus; sculptée en 1893 par Alfred Gilbert, en mémoire du parlementaire et philanthrope Anthony Ashley-Cooper, comte de Shaftesbury

THE SHARD
Gratte-ciel de 309 m et 95 étages, couvert de 11 000 panneaux de verre, imaginé par Renzo Piano et achevé en 2012

PARIS (France)

Construite le long de la Seine, elle s'appelle Lutèce au temps de l'Empire romain. C'est seulement au Moyen Âge qu'elle devient la capitale de la France et qu'elle prend son nom actuel. Son architecture est profondément marquée par les transformations voulues par Napoléon III et confiées au baron Haussmann. Le mobilier urbain hérité de l'Art nouveau donne à la Ville Lumière son élégance mondialement réputée et dont la tour Eiffel est le symbole.

BOUCHES DE MÉTRO GUIMARD
Accès de stations signalés par leur décor Art nouveau, créés entre 1900 et 1913 par Hector Guimard ; il en subsiste 88 sur 167

BALCONS HAUSSMANNIENS
Balcons scellés aux 2e et 5e étages des immeubles voulus par l'urbaniste Eugène Haussmann pour Napoléon III entre 1852 et 1870

HORLOGE DU MUSÉE D'ORSAY
Horloge dorée de 1900 réalisée par Victor Laloux et située dans le hall de la gare transformée en un musée en 1986

PLAQUES DE RUE
D'abord en lave émaillée, sur ordre du préfet Rambuteau en 1844, à présent en tôle avec les lettres en blanc sur fond bleu à liseré vert

CROISSANTS
Viennoiserie de pâte levée feuilletée, élaborée en 1915 par le chef français Sylvain Claudius Goy, inspiré par une brioche autrichienne

COLONNES DE BUREN
Installation permanente de 260 colonnes dans la cour du Palais-Royal, imaginée par le plasticien Daniel Buren en 1986

PYRAMIDE DU LOUVRE
Structure de verre et métal réalisée de 1985 à 1989 par l'architecte Ieoh Ming Pei, à l'initiative du président de la République François Mitterrand

NOTRE-DAME DE PARIS
Cathédrale édifiée sur l'île de la Cité à partir de 1163 ; jamais achevée malgré deux siècles de travaux, elle constitue pourtant un modèle d'architecture gothique

PÂTISSERIES
Parmi les pâtisseries dont les touristes raffolent, on trouve le millefeuille, la religieuse et la tarte au citron meringuée : à déguster sur un banc du jardin des Tuileries !

PETITE DANSEUSE DE QUATORZE ANS
Statuette haute de 98 cm sculptée par Edgar Degas entre 1875 et 1881, d'abord en cire, vêtue de tulle et de soie, puis fondue en bronze

VÉNUS DE MILO
Statue de 2 m de haut, en marbre de Paros, sculptée vers 150-125 av. J.-C. et exposée au musée du Louvre

COLONNES MORRIS
Colonnes d'affichage publicitaire au nombre de 550 dans Paris, popularisées à partir de 1868 par l'imprimeur Gabriel Morris

TOUR EIFFEL
Tour mondialement connue de Gustave Eiffel, érigée en 26 mois pour l'Exposition universelle de 1889 ; elle est constituée de plus de 18 000 pièces de fer

FONTAINES WALLACE
Fontaines publiques d'eau potable apparues à Paris en 1872, d'après une idée du philanthrope Sir Richard Wallace, qui les finança

VENISE (Italie)

Sur les rives de la mer Adriatique, au nord-est de l'Italie, cette drôle de ville sur l'eau occupe plus de 120 petites îles. Les canaux y remplacent les rues et les Vénitiens circulent en gondole. Du Moyen Âge à la Renaissance, Venise est à la fois une grande puissance commerciale et l'épicentre d'une intense activité artistique. La cité est un joyau de l'architecture sur pilotis, comptant plus de 450 ponts, d'innombrables églises, dont on aperçoit de loin les campaniles, et de somptueux palais aux façades richement décorées.

CAMPANILE DE SAINT-MARC
Tour carrée du XIIe siècle, dont l'aspect actuel date du XVIe et a été reproduit à l'identique après le dernier effondrement, en 1902

CARNAVAL DE VENISE
Fête traditionnelle datant de 1094, et qui visait alors à la cohésion sociale en effaçant les classes derrière les masques et costumes

VAPORETTO
Bateau-bus de transport permettant de se déplacer par les canaux de la ville ou de rejoindre des îles de la lagune inaccessibles par voie terrestre

PONT DU RIALTO
Pont piéton le plus vieux de Venise, jadis en bois, et reconstruit en pierre d'Istrie par l'architecte et ingénieur Antonio Da Ponte en 1591

PALAIS DES DOGES
Palais du XIVe siècle abritant les institutions vénitiennes et la résidence du doge, premier magistrat élu de Venise, qui ne le quittait jamais

LION DE SAINT MARC
Embème de Venise et symbole de saint Marc l'Évangéliste, saint patron de la ville, dont les reliques reposent dans la basilique de Saint-Marc

GOÉLAND
Ces cousins de la mouette sont si nombreux à Venise qu'on les chasse au moyen de pistolets à eau !

SPRITZ
Cocktail à base de prosecco, d'Apérol et d'eau gazeuse, inspiré par un usage des soldats autrichiens présents en Vénétie au XIXe siècle

CARCIOFO VIOLETTO
Couverte de vignobles et de cultures, l'île de Sant'Erasmo fournit aux habitants de la lagune, entre autres, ses fameux artichauts violets cueillis très jeunes

VERA DA POZZO
Chaque place de la ville ou cour de palais a son puits à la margelle richement sculptée. On en construisit plus de 6 000 au Moyen Âge, mais il n'en reste que 600 aujourd'hui

GONDOLE
Barque vénitienne à fond plat en usage depuis le XIe siècle, pilotée à l'aide d'un seul aviron par un rameur qui se tient debout à l'arrière

GELATO
Contrairement à la crème glacée ou au sorbet, le *gelato* italien est fait à base de lait, d'où sa légèreté et son velouté typiques

MARRAKECH (Maroc)

Au nord de l'Afrique, logée entre l'océan Atlantique et les monts de l'Atlas, Marrakech est la ville qui a donné son nom au royaume du Maroc. Ses fortifications médiévales abritent une *médina* exceptionnelle vieille de 900 ans. Elle est inscrite au patrimoine mondial de l'UNESCO, avec ses nombreux riads, ses *souks*, ses mosquées, ses jardins, ses places et sa palmeraie de presque 100 000 arbres ! La couleur rouge de la roche utilisée pour sa construction lui vaut le surnom de « ville ocre ».

KOUTOUBIA
Édifice de grès rose de 1158, commandé par Abd al-Mumin, premier calife des Almohades, une dynastie dont cette mosquée compte parmi les joyaux architecturaux

VILLA MAJORELLE
Créés par Jacques Majorelle entre 1922 et 1931, cette maison et son parc luxuriant deviennent la propriété d'Yves Saint Laurent et de Pierre Berger en 1980

PALMERAIE ROYALE
Oasis de 15 000 hectares plantée au XIe siècle à l'initiative de Youssef ben Tachfine, sultan et fondateur de Marrakech vers 1065

ZELLIGE
Petits morceaux de faïence colorée, dont les mosaïques décoratives ont connu leur essor à partir du XIVe siècle, sous le règne des Mérinides

ORANGER
Arbre fruitier emblématique du paysage de Marrakech et dont la floraison printanière confère de délicieuses saveurs à la cuisine marocaine

THÉ À LA MENTHE
Traditionnellement servi par les hommes, le thé à la menthe se boit trois fois par jour

LANTERNE
Le travail du métal est très répandu au Maroc, on l'appelle la dinanderie. Les lanternes en fer forgé font partie de cet héritage artisanal

SOUK JOUTIA-ZRABI
Ce marché est l'un des 18 *souks* de la ville ; il est spécialisé dans la vente de tapis typiques de l'artisanat du pays

CIGOGNE BLANCHE
À la recherche de nourriture quand le froid gagne l'Europe, ce grand échassier migrateur fait escale à Marrakech, y passant parfois l'hiver

GUERRAB
Porteur d'eau ambulant, vêtu d'un clinquant costume traditionnel et dont le métier typiquement marocain disparaît peu à peu

MOUCHARABIEH
Fenêtre ou cloison ajourée apparue au XIIIe siècle, pour ventiler les intérieurs, atténuer la lumière du soleil et voir sans être vu !

CALÈCHE À JUS D'ORANGE
Il en existe une cinquantaine, toutes sur la place Jemaa el-Fna, proposant des jus d'orange pour quelques dirhams

BAMAKO (Mali)

On sait que la région de Bamako fut habitée dès la Préhistoire, mais c'est seulement au XVIe siècle que la ville est réellement fondée au sud-ouest du Sahara. Au Mali, *bamako* signifie « marigot du crocodile ». L'animal est l'emblème de cette cité établie sur les rives du fleuve Niger. La capitale malienne compte 2 millions d'habitants. Issus de différentes ethnies, ils parlent le peul, le bambara, le mamara, le malinké ainsi que le français, resté la langue officielle depuis la décolonisation.

SOTRAMA

Minibus de transport public déployé en 1978, souvent bondé, car très fréquenté par les Bamakois en raison de ses tarifs bon marché

TASSALÉ

Sorte de bouilloire traditionnelle, aussi appelée séli-daga, servant à la toilette intime

CHAISE MONOBLOC

On aperçoit partout dans les rues de Bamako ce siège en plastique conçu en 1972 par Henry Massonnet, également auteur du tabouret Tam Tam

MARCHÉ ROSE

Grand souk de Bamako ouvert au XXe siècle, durant l'époque coloniale, et gardant son style néo-soudanais en dépit de fréquents incendies

ZIRA DJI

Jus du fruit du baobab, très prisé des Maliens, utile à de multiples préparations culinaires et réputé pour ses valeurs nutritionnelles

PIROGUE

Longue embarcation étroite, en bois, propulsée à l'aide d'une pagaie ou d'une voile, souvent utilisée sur le fleuve Niger

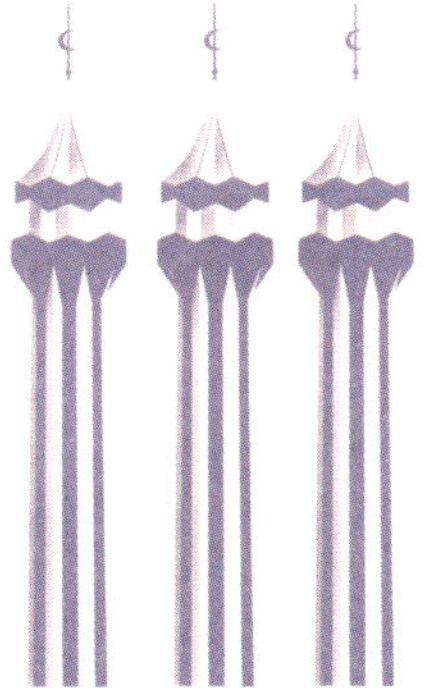

MOSQUÉE DU ROI FAYÇAL BIN ABDULAZIZ

Édifice islamique bâti en 1976, initialement nommé « Grande Mosquée de Bamako », mais rebaptisé en 2017 en raison de son financement saoudien

MONUMENT DE L'INDÉPENDANCE

Ouvrage symbole de liberté édifié en 1995, coiffé d'une double coupole en bronze du Mali et signé de l'architecte Amadou Sidibé

MONUMENT DE LA PAIX

Ouvrage inauguré en 1996 pour célébrer la fin de la rébellion touareg qui sévissait dans le nord du Mali depuis 1990

CROCODILES

On trouve sur les armoiries de la ville trois caïmans représentant les trois rivières qui la traversent

DJEMBÉ

Sculpté dans des bois issus de la savane malienne, cet instrument permet aux percussionnistes de jouer les rythmes traditionnels du pays : Didadi, Wassolonka, Farabakan, Mendiani...

PERLES POUR CHEVEUX

En bois sculpté, en terre cuite gravée, en cuivre, argent ou bronze, ces petites perles sont utilisées pour agrémenter les coiffures tressées des Maliennes

ISTANBUL (Turquie)

Âgée de plus de 2 600 ans, elle fut l'une des capitales de l'Antiquité, avec Rome et Athènes. À l'époque, elle s'appelle Byzance puis Constantinople, et c'est seulement au XVe siècle qu'elle est reprise aux Romains par les Turcs, qui lui donnent son nom actuel. À cheval sur l'Europe et l'Asie, elle occupe les rives du Bosphore, ce détroit qui relie la mer Noire à la mer de Marmara. Son histoire et sa situation géographique aux portes de l'Orient font d'elle une ville multiculturelle dotée d'une précieuse architecture.

QUARTIER DE BALAT

Quartier juif jusqu'au milieu du XXe siècle, où subsistent cinq synagogues, mais aussi plusieurs églises et mosquées

DERVICHES TOURNEURS

Membres de l'ordre musulman soufi, apparu au XIIIe siècle, qui dansent en tournant sur eux-mêmes comme des toupies

MOSQUÉE BLEUE

Sanctuaire édifié de 1609 à 1616 sous le règne du sultan Ahmet Ier, comptant six minarets et plus de 21 000 carreaux de faïence bleue

TASBIH

Chapelet de perles souvent en bois, aussi appelé *misbaha*, et utilisé par les musulmans à l'occasion des prières et invocations

VAPUR

Bateau à vapeur public naviguant depuis 1827 sur le Bosphore, entre les rives européennes et asiatiques du pays

NAZAR BONCUK

Sorte d'amulette destinée à repousser le mauvais œil, encore parfois réalisée par d'authentiques artisans verriers

TRAMWAY

Transport en commun mis en service en 1871, sous la houlette de l'ingénieur français Eugène-Henri Gavand

PALAIS DE TOPKAPI

Résidence des souverains ottomans, sans cesse agrandie par les sultans successifs, de 1459 à 1853, jusqu'à atteindre 700 000 m²

CITERNE BASILIQUE

Réservoir souterrain d'une capacité de 80 000 tonnes d'eau, construit au VIe siècle sur ordre de l'empereur Justinien Ier

FESTIVAL DE LA TULIPE

Événement annuel tenu en avril, autour de cette fleur qui conquit les Ottomans dès le XIe siècle, bien avant les Européens

SIMIT

Petit pain en couronne, répandu en Turquie depuis plusieurs siècles, et dont il existe d'autres versions en Grèce et en Arménie

CHAT

Ce Stambouliote à quatre pattes est présent par dizaines de milliers dans les rues de la ville

JAIPUR (Inde)

Au nord de l'Inde, dans l'État du Rajasthan, se dresse une ville toute rose dénommée Jaipur (prononcer « Djaïpour »). Elle porte le nom de son créateur, le maharaja Sawai Jai Singh II, passionné d'astronomie. Au XVIIIe siècle, il fit bâtir un observatoire monumental d'une grande précision, puis commanda la construction de la cité, qui devait répondre à des plans géométriques stricts. L'intérieur de ses remparts accueille notamment de nombreux palais fastueusement ornementés et peints en rose !

PORTE DU LOTUS

L'une des quatre portes du City Palace construit à partir de 1729, ornée de pétales de lotus et dédiée au dieu Shiva

MARIGOLD

Fleur associée à la plupart des cérémonies religieuses hindoues, offrande aux divinités, réputée éloigner les mauvais esprits

PORTE PATRIKA

Neuvième porte de Jaipur, inaugurée en 2016 ; ouverte par neuf arches, elle concentre la quintessence du patrimoine architectural du Rajasthan

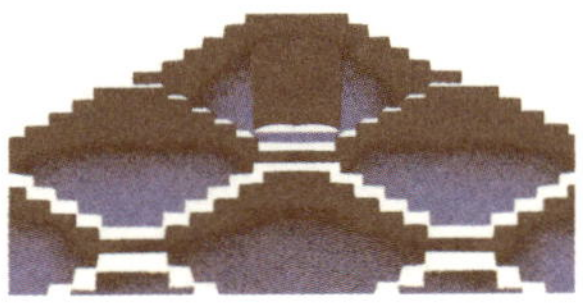

PANNA MEENA KA KUND

Puits à degrés (bâoli) croisant de multiples escaliers, creusé pour collecter les eaux de pluie, probablement au XVIe siècle

MAKAR SANKRANTI

Fête ayant lieu mi-janvier, liée au soleil et au zodiaque, et marquée par maintes festivités, notamment des compétitions de cerfs-volants

AUTORICKSHAW

Véhicule motorisé à trois roues, dont la version ancienne la plus proche de l'actuelle est celle de l'Italien Piaggio de 1947

POTERIE BLEUE DE JAIPUR

Poterie de tradition, sans argile mais à base de pierre de quartz, et qui doit sa couleur intense aux pigments bleu de cobalt

JANTAR MANTAR

Observatoire astronomique en plein air, commandé en 1724 par le maharaja Jai Singh II, qui en fit construire cinq autres du même type

KATHPUTLI

Théâtre de marionnettes à fils habituellement sculptées et peintes par les marionnettistes eux-mêmes, né au VIIIe siècle

HAWA MAHAL

Palais des Vents, en grès rose, de 15 m de haut, cinq étages et 953 fenêtres, édifié en 1799 sur ordre du maharaja Sawai Pratap

SARI

Ancestral vêtement féminin fait d'une étoffe de plusieurs mètres de long, drapée de diverses manières selon les castes, les régions, etc.

LANGUR

Petit primate du sous-continent indien, souvent envahissant en ville et dont les bandes à Jaipur habitent, entre autres, le fort d'Amber

HONG KONG (Chine)

Implantée sur une île tropicale au sud de la Chine, Hong Kong est l'une des villes les plus riches du monde, mais aussi l'une des plus denses. Elle possède deux fois plus de gratte-ciel que New York, et il n'est pas rare que plusieurs voies se superposent dans une même rue pour permettre aux véhicules et aux piétons de circuler sans trop d'embouteillages ! Ce territoire a longtemps appartenu au Royaume-Uni avant d'être rétrocédé à la Chine en 1997. C'est une cité cosmopolite d'une relative indépendance, avec sa propre monnaie, le dollar hongkongais.

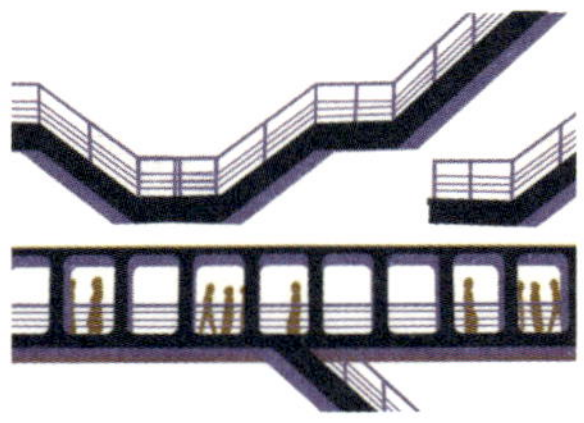

PASSERELLES SURÉLEVÉES DE CENTRAL

Réseau de passerelles construit à partir des années 1970 pour faciliter la circulation des piétons entre les immeubles

BOK CHOY DORÉ

Sculpture d'une fleur de *Bauhinia blakeana* dorée de 6 m de haut, offerte par la Chine pour marquer le rattachement de la région

PAVILLON DE LA PERFECTION ABSOLUE

Pagode recouverte d'or, de style de la dynastie Tang, construite dans le jardin traditionnel de Nan Lian

CHOI HUNG ESTATE

Quartier résidentiel datant des années 1960, surnommé Rainbow Estate (« domaine Arc-en-ciel ») pour ses barres d'immeubles colorés

GOLDFISH MARKET

Rue pittoresque dédiée aux échoppes de poissons rouges et tropicaux ou autres animaux aquatiques et articles pour aquariums

MINIBUS ROUGE

Contrairement aux minibus verts qui suivent des trajets précis et ont des horaires fixes, les minibus rouges sont plus flexibles

SIÈGE DE LA BANK OF CHINA

Gratte-ciel de verre et d'aluminium de 315 m de haut, élevé entre 1985 et 1989 par l'architecte Ieoh Ming Pei

BOUDDHA DE TIAN TAN

Statue achevée en 1993, mesurant 34 m de haut et constituée de 202 pièces de bronze assemblées sur une structure d'acier

LA TOUR DE L'HORLOGE

Tour de 44 m de haut, édifiée en 1915 dans un style néo-edwardien par l'architecte britannique Arthur Benison Hubback

DANSE DU LION

Danse traditionnelle exécutée par deux danseurs dans un costume de lion, à l'occasion des célébrations du Nouvel An

TRAMWAY

Le réseau de l'île compte 6 lignes et 120 stations. C'est le seul tramway au monde dont les rames ont deux niveaux !

JONQUE

Embarcation traditionnelle à deux ou trois mâts servant au transport maritime ; ses voiles, souvent rouges, ont des armatures horizontales en bambou

TOKYO (Japon)

Le Japon est un archipel de plusieurs milliers d'îles de l'océan Pacifique, mais c'est sur Honshu, la plus vaste, que se situe la capitale Tokyo. Née à l'est du mont Fuji, elle n'est au départ qu'un simple village de pêcheurs du nom de Edo. Elle prend son essor au XVIIe siècle, attirant artisans, commerçants et samouraïs, sous la gouvernance du *shogun* (général) Tokugawa. En 1868, reprise par l'empereur Meiji, elle est rebaptisée Tokyo. Aujourd'hui, la ville s'étend largement au-delà de son centre historique et constitue l'une des métropoles les plus peuplées du monde !

SHIBUYA

Quartier animé, réputé pour son avant-garde artistique, ses boutiques de mode et son immense carrefour surpeuplé de piétons !

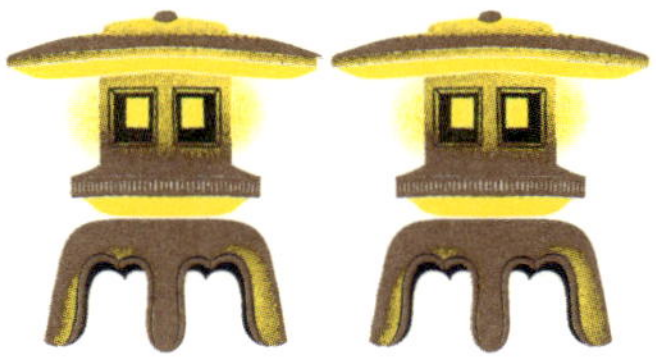

TORO

Lanterne en pierre, bois ou métal, issue de Chine et utilisée depuis plus de 1 400 ans dans les temples bouddhistes du Japon

JIHANKI

Distributeur automatique de boissons, fruits, journaux… présent par millions au Japon sous des formes très variées

TORII DU SANCTUAIRE MEIJI JINGU

Porte en cyprès de 12 m de haut, matérialisant la frontière entre le monde profane et les terres sacrées du sanctuaire fondé en 1920

KAMINARIMON

Porte du Tonnerre que l'on traverse pour accéder au Senso-ji, le plus ancien temple de Tokyo, fondé en 628

STATUE D'HACHIKO

Statue de bronze du célèbre chien fidèle, dont la dépouille empaillée est exposée au Musée national de la nature et des sciences

SAKURA

Cerisier ornemental, dont l'éclosion des fleurs est célébrée chaque printemps lors de l'*hanami*, une période de festivités et de contemplation

MONT FUJI

Volcan actif et montagne sacrée, toit du Japon à 3 776 m d'altitude, situé à 100 km de Tokyo, d'où il est visible par temps clair

MANEKI NEKO

Statuette porte-bonheur en céramique ou porcelaine, incarnant un chat assis levant une patte pour accueillir les visiteurs et attirer la fortune

DARUMA

Figurine de papier mâché inspirée par le moine bouddhiste Bodhidharma, censée porter chance et exaucer les vœux

RAMEN

Délicieux bouillon de nouilles japonais d'origine chinoise

KOI NOBORI

Manches à air en forme de carpes koï bariolées, traditionnellement hissées le 5 mai, à l'occasion de la journée des enfants

TOUR DE TOKYO

Tour métallique de 333 m, construite en 1957-1958 pour les télécommunications par l'ingénieur Tachu Naito

COCOON TOWER

Son nom complet est Mode Gakuen Cocoon Tower ; située dans le quartier de Shinjuku, elle abrite une école d'architecture

SYDNEY (Australie)

C'est à la fin du XVIIIe siècle que les Anglais accostent dans cette baie au sud de l'Australie. Le site est habité depuis toujours par les Aborigènes, mais les premiers colons construisent rapidement un nouveau quartier sur les collines et les traces des précédents habitants disparaissent. La ville s'agrandit rapidement et devient le poumon économique et culturel de l'Australie, dont le symbole est l'opéra de Sydney, connu dans le monde entier pour son architecture audacieuse !

THE ROCKS

Plus ancien quartier de Sydney, à l'origine de la ville, fondé en 1788, par Arthur Phillip, premier administrateur colonial

VEGEMITE

Pâte à tartiner salée, mise au point en 1922 par Cyril Callister pour pallier la pénurie de Marmite, son équivalent britannique

LUNA PARK

Parc d'attractions historique, de style Art déco, ouvert au public en 1935 sous l'impulsion de l'entrepreneur américain Herman Phillips

WHITE SEAHORSE

Hippocampe endémique de la côte est de l'Australie, présent dans les eaux de Sydney où la perte d'habitat le menace d'extinction

SYDNEY OPERA HOUSE

Édifice inauguré en 1973, œuvre de l'architecte Jørn Utzon ; cette merveille d'ingénierie accueille chaque année plus de 7 millions de visiteurs

FERRY

À Sydney, on prend le bateau comme le bus ou le métro ; cela est parfois plus rapide que d'emprunter le pont pour rejoindre l'autre rive

HARBOUR BRIDGE

Pont traversant la baie de Sydney depuis 1932, culminant à 134 m de haut, dû à l'ingénieur architecte John Bradfield

TOWER EYE

Tour panoramique ajourée de 420 fenêtres, ouverte en 1981, et dont la flèche des télécommunications culmine à 309 m de hauteur

SURF

Les plages de Sydney sont réputées pour leurs vagues parfaites où se pressent les surfeurs et surfeuses du monde entier

HORNBY LIGHTHOUSE

Phare de plus de 9 m de haut, dessiné par l'architecte Alexander Dawson, bâti en 1858 après deux naufrages tragiques

SCRIBBLY GUM TREE

Eucalyptus de la région de Sydney, identifiable aux « gribouillages » de son écorce, conséquence des galeries creusées par des chenilles

Merci à mes parents qui m'ont fait grimper sur la pyramide de la Lune à Teotihuacán et qui m'ont presque perdue le long des remparts de Topkapi, vous êtes mes deux aventuriers préférés.
Merci à toute l'équipe des éditions Gallimard Jeunesse, Thomas, Anne-Flore, Pauline, Jean-François, Gaëlle, Sandrine, Lorna, Mélanie, Axel, Agnès, Lucile et Marie-Laure pour leur enthousiasme et leur aide très précieuse.
Merci à Alexandra, Phi-Anh et Claire, fidèles au poste !
Dan, la station des Abbesses page 26 est pour toi...

ISBN : 978-2-07-519415-0

Loi n°49-956 du 16 juillet 1949
sur les publications destinées à la jeunesse
Dépôt légal : novembre 2023
N° d'édition : 596938

Composé en Olympian LT et imprimé sur papier Munken Pure Rough, en Italie par LEGO

MIXTE
Papier | Pour une gestion forestière responsable
FSC® C023419

CAMDEN MARKET
DOMINO PARK
ONE WAY
AVENIDA 5 DE MAYO
PLACE DES VOSGES
NOTTING HILL GATE
ЛАВРУШИНСКИЙ ПЕРЕУЛОК
TELEPHONE

CAMDEN MARKET
DOMINO PARK
ONE WAY
AVENIDA 5 DE MAYO
ЛАВРУШИНСКИЙ ПЕРЕУЛОК
PLACE DES VOSGES
NOTTING HILL GATE
TELEPHONE